Oliver Brachat

Guetzli

FONA

früher ISBN 3-03780-180-8

www.fona.ch

Verantwortlich für das Lektorat: Léonie Haefeli-Schmid

Einführung: auszugsweise aus «Pralinen und Schokoladen-Spielereien» von Beatrice Aepli

Gestaltung Umschlag: Dora Eichenberger-Hirter, Birrwil

Gestaltung Inhalt: FonaGrafik

Fotos: Oliver Brachat, Krefeld

Illustrationen Einführung: Dora Wespi, Luzern

Lithos: Kneuss Print AG, Lenzburg

Printed in Germany

ISBN 978-3-03780-327-1

Inhalt

8 Backutensilien
10 Back-Abc

20 Espresso-Amaretti
22 Mokkacreme-Amaretti
24 Amarettini
26 Amerikaner
28 Brownies
30 Glasierte Butterherzen
32 Schachbrett-Buttergebäck
34 Cantuccini
36 Peanut-Cookies
38 Dark Chocolate-Cookies
40 Double Chocolate-Cookies
42 Doughnuts
44 Leichtes Eierlikör-Gebäck
46 Florentiner
48 Haferflockenhäufchen
50 Linzerblumen
52 Mandel-Filigrane
54 Tuiles aux amandes
56 Mandel-Spritzgebäck
58 Mohntäschchen
60 Müesliwürfel
62 Minimuffins mit Mandeln
64 Nougatringe
66 Printen
68 Schäumchen
70 Nuss-Schoko-Stangen
72 Breite Schokostreifen
74 Schokostreusel
76 Sesamgebäck
78 Shortbread
80 Toffee-Shortbread
82 Spitzbuben
84 Stracci
86 Cranberry-Triangel
88 Vanillekipferl
90 Zimtsterne

92 Register

Backutensilien

1 Rührschüssel
2 Metallschüssel zum Temperieren der Kuvertüre
3 Rührbesen für das Rührgerät
4 Knethaken
5 Teigrolle
6 Muffinblech
7 Eisportionierer zum Portionieren und Abstechen von Cookies
8 Kuchengitter zum Auskühlen lassen des Gebäcks
9 Einwegspritzbeutel
10 Teigrädchen
11 Mühle zum Reiben von Nüssen
12 Gezackte Tüllen, ebenso runde Tüllen
13 Diverse Ausstechförmchen
14 Backpinsel
15 Waage, wenn möglich mit 1-Gramm-Anzeige und Tarafunktion
16 Dauerbackfolie, bleibt stets glatt und schrumpelt beim Backen nicht
17 Fleischwolfaufsatz für Spritzgebäck

6
7
16
11
4
10
3
8
5
1
13
17
2
14
9
15
KAISER
solaris
ON-OFF
TARA HOLD
12

Back-Abc

Backofen

Die Backzeit kann je nach Backofen leicht variieren. Deshalb Backvorgang überwachen. Umluftbacköfen haben eine etwas kürzere Backzeit. Die Ofentemperatur kann variieren; eine Abweichung von 20 °C liegt innerhalb der Toleranzgrenze.

Bei manchen Backöfen variiert die Temperatur im vorderen und hinteren Teil. Um auch bei Kleingebäck ein gleichmäßiges Resultat/Kruste/Bräunung zu erreichen, das Blech nach Halbzeit 180 °C drehen.

Der konventionelle Backofen ist mit Ober- und Unterhitze-Heizkörper ausgerüstet. Die erhitzte Luft ist ruhend, zirkuliert also nicht im Backraum. Diese Beheizungsart eignet sich grundsätzlich für das Backen auf einer Ebene. Mit einem rechteckigen Backblech in Backofengröße kann dieser offensichtliche Nachteil zum Teil kompensiert werden.

Bei Kleingebäck kann man problemlos auf zwei Ebenen backen, wenn die Backbleche nach einer gewissen Zeit ausgetauscht werden. Umluftbacköfen sind mit einem Oberhitze- und Unterhitze-Heizkörper und mit einem Luftgebläse ausgestattet, was das Backen auf 2 Ebenen ermöglicht.

Der Heißluftbackofen ist mit einem Lüftungsgebläse und einem Ringheizkörper ausgerüstet. Dank eines Belüfters an der Rückwand des Backofens wird die heiße Luft intensiv bewegt. In diesem Backofen kann auf 3 Ebenen gebacken werden.

Backtipps

Butterteige stets kühl stellen. Sie lassen sich so leichter ausrollen. Wenn es schnell gehen muss, den Teig zwischen zwei Klarsichtfolien legen und gut flach drücken, so kühlt er rascher durch. Klebrigen oder eher feuchten Teig am besten zwischen zwei Klarsichtfolien ausrollen.

Zu festen oder zu kalten Teig kurz kneten, dann kann er problemlos ausgerollt werden.

Teig vor dem Ausstechen mit einem gut bemehlten Spatel von der Arbeitsfläche lösen.

Förmchen vor dem Ausstechen ins Mehl drücken, dann klebt der Teig nicht daran.

Brauner Zucker

Brauner Zucker wird entweder aus weißem Zucker hergestellt und nachträglich mit Melasse gefärbt oder durch das Weglassen der letzten Raffinierungsstufe erreicht.

Butter

Bio-Butter wird häufig aus unpasteurisierter, konventionelle Butter aus pasteurisierter Milch hergestellt. Die Butter ist mit einem Anteil von 5 % essentiellen Fettsäuren von hohem gesundheitlichem Wert. Sie ist ein hochwertiges Naturprodukt und gibt den Backwaren einen feinen, aromatischen Geschmack.

Dauerbackfolie/Backtrennpapier

Für Gebäck, das auseinanderlaufen soll, beispielsweise Florentiner, «Amerikaner», das Blech mit einer Dauerbackfolie belegen. Vorteil: die Folie nimmt weder Butter noch Feuchtigkeit auf und schrumpelt während des Backens nicht. Backtrennpapier dagegen nimmt Feuchtigkeit und Fett auf und schrumpelt beim Backen.

Eier

Bio-Eier oder zumindest Eier von Hühnern aus artgerechter Haltung (Freilandhaltung) bevorzugen.

Konfitüre

Beim Kauf auf Produkte mit hohem Fruchtanteil achten. Konfitüre stets leicht erwärmen, so lässt sie sich leicht und gleichmäßig auftragen.

Kuvertüre

Im Angebot sind dunkle (Zartbitter-)Kuvertüre, Vollmilch-Kuvertüre und weiße Kuvertüre. Dunkle Kuvertüre hat einen Kakaoanteil von 60 %, Vollmilch-Kuvertüre von 30 %, weiße Kuvertüre enthält gar keinen Kakao. Kuvertüre enthält mehr Fett als herkömmliche Schokolade. Da Kakaobutter Fettgruppen mit unterschiedlichen Schmelzpunkten (16 bis 45 °C) enthält, hat sich bewährt, sie in 3 Phasen aufzubereiten. Das garantiert Festigkeit und eine glänzende Oberfläche.

Schmelzen (temperieren)
Bei richtigem Schmelzen wird die Kuvertüre schnell fest und glänzt dauerhaft. Andernfalls wird die Oberfläche matt.

3-Stufen-Methode
Schmelzen bei 45–49 °C
Abkühlen auf 24 °C
Aufwärmen auf 30–32 °C

1. Schritt
Küchenutensilien:
1 großes, möglichst schweres Messer
1 großes Küchenbrett

Kuvertüre in etwa 5 mm große Würfelchen hacken.

2. Schritt (schmelzen)
Küchenutensilien:
1 Kochtopf für das heiße Wasser
1 Schüssel (am besten eine Chromstahlschüssel) für die Kuvertüre. Der Schüsselrand sollte auf dem Topfrand aufliegen, so dass die Schüssel den Topfboden nicht berührt (siehe Illustration). Dazu eignen sich auch zwei ineinandergestellte Kochtöpfe.
1 Kochlöffel
1 Küchenthermometer, z. B. ein Jogurt-Thermometer
1 große Schüssel mit kaltem Wasser

Nur so viel Wasser in den Kochtopf füllen, dass der Boden der Schüssel das Wasser gerade noch berührt. Bei zuviel Wasser besteht die Gefahr, dass das Wasser beim Kochen in die Schüssel läuft.
Die Hälfte der gehackten Kuvertüre in die Schüssel geben und bei möglichst niedriger Temperatur unter stetem Rühren mit dem Holzlöffel schmelzen. Wassertemperatur kontrollieren: sie darf 50 °C nicht übersteigen.
Jetzt die restliche Kuvertüre zugeben, rühren, bis die Kuvertüre geschmolzen ist.
Auch die Temperatur der Kuvertüre immer wieder kontrollieren: sie darf 49 °C keinesfalls übersteigen, sonst wird die Kuvertüre grau.
Schüssel mit Kuvertüre sofort in die Schüssel mit kaltem Wasser stellen.

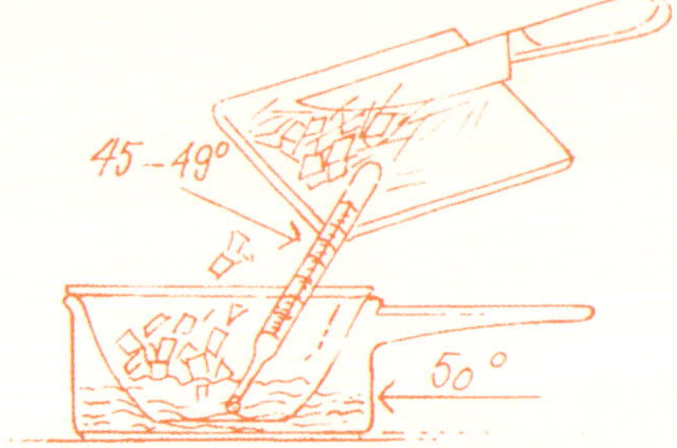

3. Schritt (abkühlen)

Dunkle Kuvertüre und Vollmilch-Kuvertüre werden auf mindestens 24 °C, weiße Kuvertüre auf mindestens 22 °C abgekühlt, und zwar unter stetem Rühren im kalten Wasserbad. Die Kuvertüre soll ein wenig dicklich werden.

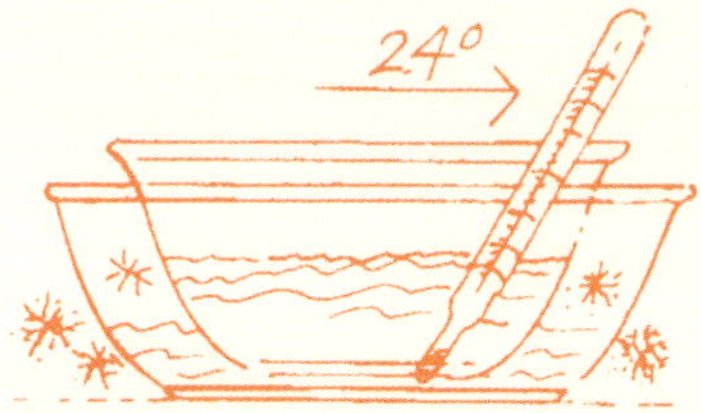

Mit der so vorbereiteten Masse kann während Stunden gearbeitet werden, sie muss aber konstant auf dieser Temperatur gehalten werden. Wenn die 32 °C einmal überschritten werden, wird die Kuvertüre nicht genügend fest und bekommt die typischen grauen Streifen.

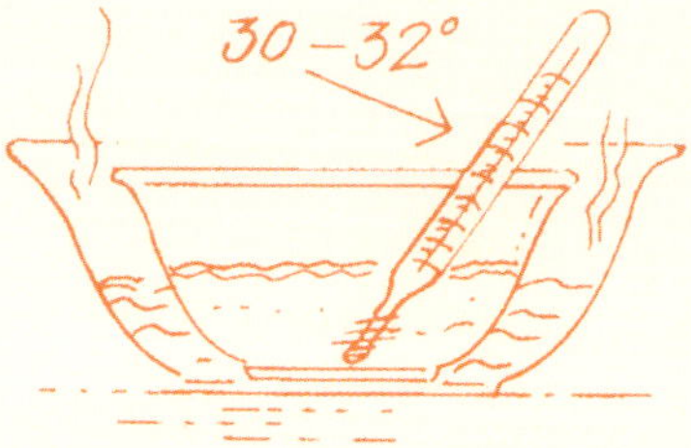

4. Schritt (erwärmen)

Küchenutensilien:

1 genügend große Schüssel für das heiße Wasser

Schüssel mit heißem Leitungswasser oder Wasser aus dem Kochtopf füllen. Es soll etwa 35 °C warm sein. Die Schüssel mit der Kuvertüre hineinstellen, dunkle Kuvertüre und Vollmilch-Kuvertüre unter Rühren auf 30 bis 32 °C, weiße Kuvertüre auf 30 °C erwärmen.

Wichtig

Wenn die Temperaturen der Arbeitsschritte 2 bis 4 nicht eingehalten werden konnten, muss wieder bei Schritt 1 begonnen werden. Nur so bekommt die Schokolade einen schönen Glanz und trocknet innerhalb von 5 Minuten. Trocknungszeit und Glanz kontrollieren: Messerspitze kurz in die Kuvertüre tauchen. Reste können jederzeit wieder verwendet werden.

Marzipan-Rezept

100 g geschälte ganze Mandeln
100 g Puderzucker
2–3 EL Rosenwasser oder Likör oder Fruchtsaft
einige Tropfen Bittermandelaroma

Mandeln im Cutter/Mixer fein reiben. Puderzucker zugeben, weitermahlen. Flüssigkeit und Bittermandelaroma zufügen, so lang mixen, bis die Masse zusammenhält (ein zu langes Mixen macht die Masse ölig). Wenn die Masse zu trocken ist, etwas Flüssigkeit zufügen, wenn sie zu feucht ist, etwas Puderzucker. Keinesfalls Mandeln, denn diese verbinden sich mit der Masse ungenügend. Marzipan stets zwischen zwei Klarsichtfolien ausrollen, da es auf der Arbeitsfläche klebt. Es muss für die Verarbeitung Zimmertemperatur haben. Stets in Klarsichtfolie einwickeln, damit es nicht austrocknet. Im Kühlschrank 3 Wochen haltbar.

Nuss-Nougat-Creme und Nougat

Großer Anteil an Haselnüssen. Auf Qualität achten. Zu kaufen im Reformhaus/Bioladen und in gut sortierten Supermärkten.

Nüsse (Mandeln, Haselnüsse, Baumnüsse/ Walnüsse)

Nur Bioware verwenden. Je frischer, desto intensiver im Geschmack. Nach Möglichkeit stets frisch reiben, dann werden die Backwaren sehr aromatisch. Nüsse sind reich an Mineralstoffen (Phosphor, Kalzium, Eisen) und Vitaminen der B-Gruppe. Auch Vitamin E und Faserstoffe sind teilweise in beachtlicher Menge vorhanden. Das in den Nüssen enthaltene Fett ist reich an hochwertigen essentiellen Fettsäuren. Wegen des hohen Fettanteils werden Nüsse rasch ranzig: im Tiefkühler oder Kühlschrank aufbewahren.

Puderzucker

Im Handel gibt es zwei Sorten. Den reinen Puderzucker und den Dekozucker. Dekozucker enthält Zusatzstoffe: erstens, damit der Zucker nicht klumpt, zweitens, damit man ihn auf feuchte Kuchen streuen kann, ohne dass er sich auflöst.
Gebäck aus Mürbeteig/geriebenem Teig bekommt durch den Puderzucker eine hauchzarte Konsistenz, während Backwaren mit weißem Zucker eher knusprig-fest werden.

Rahm/Sahne

Rahm (CH) enthält 35 %, Sahne (D) 30 % Fett. Für Bio-Qualität wird unpasteurisierte, für den konventionellen Rahm/Sahne pasteurisierte Milch verwendet.

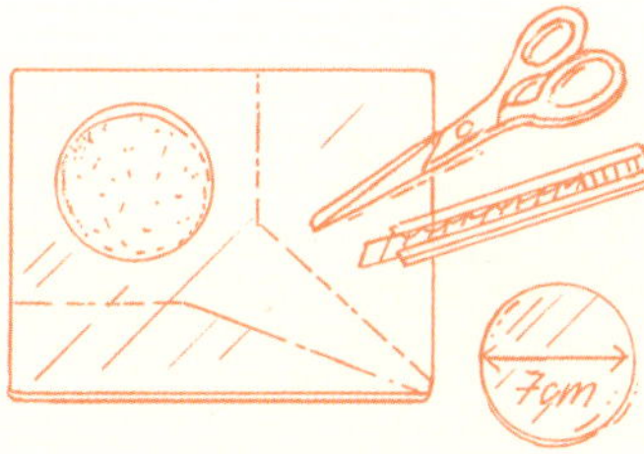

Schablone (Karton, 1–2 mm dick)

Auf einem Stück Karton eine Rondelle von 7 cm Durchmesser nach Schema aufzeichnen und ausschneiden.

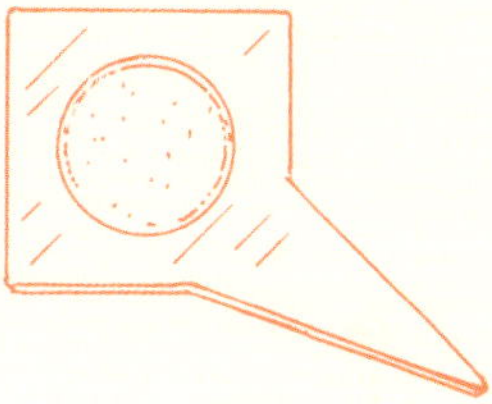

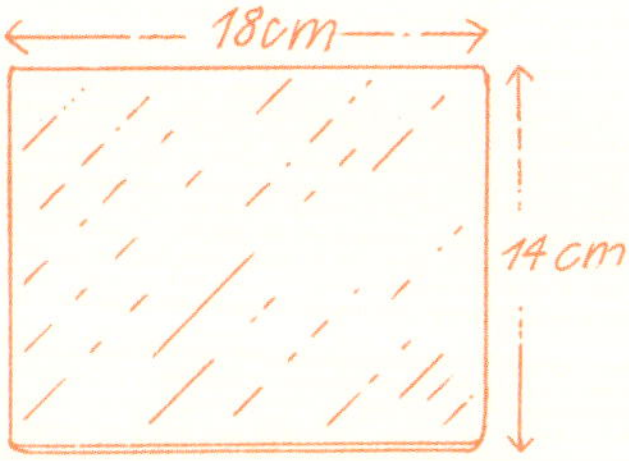

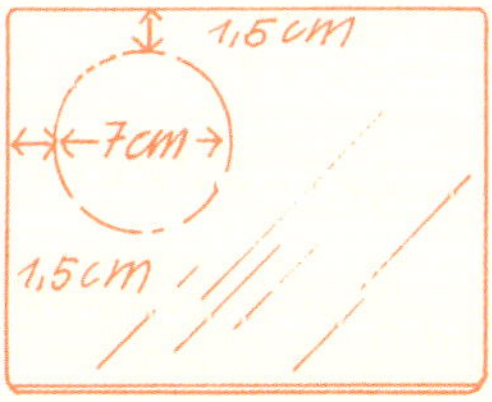

Sesamsamen

Ungeschälte Sesamsamen aus ökologischem Anbau gibt es im Reformhaus und Bioladen und auch im Supermarkt. Ungeschälte Samen sind teurer als geschälte, aber auch nährstoffreicher und gesünder. Sesamsamen enthalten mehr Fett als Erdnüsse und die siebenfache Eiweißmenge. Ein Energiespender par excellence.

Spritztüte aus Backpapier

Einen Bogen Backpapier diagonal falten, durchschneiden. Das entstandene Dreieck zu einer spitzen Tüte aufrollen. Damit sie zusammenhält, das obere Ende einschlagen. Masse einfüllen. Der Tüte mit der Schere eine Spitze abschneiden.

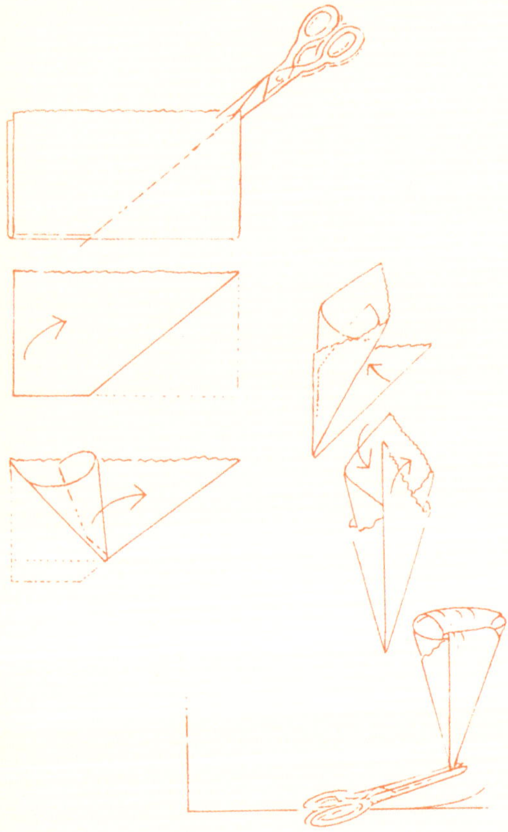

Trockenfrüchte
(Cranberrys, Kirschen, Pflaumen, Rosinen)

Konventionelle Trockenfrüchte werden vor dem Trocknen zum Erhalten der hellen Fruchtfarbe und zum Schutz gegen Schädlinge mit Schwefeldioxid behandelt. Nach dem Trocknen und Waschen werden die Früchte mit Methylbromid begast. Spuren von diesem Gas bleiben auf dem Dörrobst. Deshalb Bio-Qualität bevorzugen. Die Früchte sind weder geschwefelt noch werden sie begast. Vor allem Rosinen und Aprikosen werden nach dem Waschen und Trocknen mit wenig Sonnenblumenöl geölt, damit sie nicht zusammenkleben. Bio-Früchte mögen nicht so schön aussehen, das Aroma ist aber wesentlich besser.

Vanille, gemahlen

Im Reformhaus und Bioladen erhältlich. Meist wird dazu die ganze Schote gemahlen. Lange Haltbarkeit.

Vanilleschote
Dieses edle Gewürz hat einen verführerischen Duft. Man sollte es sehr sparsam verwenden. Zum Kochen/Backen wird nur das Vanillemark verwendet. Die Schote lässt man nur für das Aroma im Sud ziehen. Tipp: Gebrauchte Vanilleschoten in weißem Zucker aufbewahren, das ergibt einen köstlichen Vanillezucker mit natürlichem Aroma.

Vanillinzucker
Künstlich hergestellt. Hat mit natürlicher Vanille nichts zu tun.

Weinsteinbackpulver
Kann wie normales Backpulver verwendet werden. Es besteht aus dem Treibmittel Natron und dem Säuerungsmittel Weinstein. Durch eine chemische Reaktion entsteht im Teig Kohlensäure. Selbst bei einer Überdosierung schmeckt das Weinsteinbackpulver noch lange nicht so penetrant wie das herkömmliche Backpulver. Erhältlich im Bioladen/Reformhaus und mittlerweile auch im Supermarkt in der Öko-Ecke.

Zimt
Im Handel sind zwei Zimtpulversorten erhältlich, der Ceylonzimt, der sehr mild schmeckt, und der Cassiazimt, der eine schärfere Note hat.

Zitrusfruchtschalen, kandierte
Meistens in kleinen Würfeln oder auch als größere Schalenstücke erhältlich. Bio-Qualität (Bioladen/Reformhaus) bevorzugen.

Zitrusfrüchte
Unbehandelte Früchte sind ein Muss, wenn man die Schale verwenden will.

Zucker, Rohrohr-
Das Zuckerrohr wird kalt gepresst und der Saft so eingedampft, dass Zucker und Melasse, im Endprodukt bleiben. Rohrohrzucker ist reich an Mineralstoffen und enthält viele Vitamine.

Rezepte

Espresso-Amaretti

2 Eiweiß
1 Prise Salz
75 g Rohrohrzucker
75 g weißer Zucker
150 g geschälte, geriebene Mandeln
1 EL Espresso- oder Kaffeepulver, nicht löslich!
5 EL geschälte, gehobelte Mandeln

Backutensilien
Spritzbeutel mit runder Tülle Nr. 8

1 Den Backofen auf 150 °C vorheizen.

2 Eiweiße und Salz leicht schaumig schlagen. Rohrohrzucker zugeben, Masse zu steifem Schnee schlagen. Nach und nach den weißen Zucker einrieseln lassen und 2 Minuten weiterschlagen. Mandeln und das Kaffeepulver unterrühren.

3 Das Backblech mit Backpapier belegen. Eischneemasse in den Spritzbeutel füllen, teelöffelgroße Häufchen im Abstand von etwa 2 cm auf das Blech spritzen. Gehobelte Mandeln von Hand zerdrücken, über die Häufchen verteilen.

4 Das Backblech in der Mitte in den Ofen schieben, Amaretti bei 150 °C etwa 25 Minuten backen.

5 Amaretti auf dem Kuchengitter erkalten lassen.

Lagerung

In einer Blechdose aufbewahren.

Mokkacreme-Amaretti

1 Rezeptmenge
Amarettiteig, Seite 24

Zum Bestreuen
3 EL Hagelzucker
3 EL weißer Zucker

Mokkacreme
0,8 dl/80 ml
Rahm/Sahne
1 TL löslicher Kaffee
1 TL Glukosesirup
140 g helle
Kuvertüre, gehackt
90 g dunkle Kuvertüre,
gehackt
1 EL Cognac

Backutensilien
1 Spritzbeutel mit
mittelgroßer, runder
Tülle

1 Amaretti backen, Seite 24.

2 Den Rahm mit dem Kaffeepulver und dem Glukosesirup aufkochen, rühren, bis am Holzlöffel kein Sirup mehr haftet. Die Pfanne von der Wärmequelle nehmen. Kuvertüre zufügen, rühren, bis sich die Schokolade ganz aufgelöst hat. In ein schmales, hohes Gefäß füllen, Mixstab auf den Boden setzen, das Gerät einschalten, Schokoladenmasse gleichmäßig aufmixen, aber nicht schaumig mixen. Den Cognac zufügen, kurz weitermixen. Die Creme etwas abkühlen lassen.

3 Die Mokkacreme in den Spritzbeutel füllen, auf die Hälfte der Amaretti (flache Seite) spritzen, auf ein Kuchengitter legen. Nach 15 Minuten das Gegenstück aufsetzen, ein paar Stunden trocknen lassen.

Glukosesirup

In Apotheken erhältlich. Wird In Confiserien als Füllung für Pralinen und Bonbons verwendet. Glucosesirup ist zähflüssig.

Amarettini

250 g Marzipan, Seite 14
225 g weißer Zucker
1 Prise Salz
ca. 40 g geschälte, geriebene Mandeln
½ unbehandelte Zitrone, abgeriebene Schale
3 Eiweiß

Zum Bestreuen
3 EL Hagelzucker
3 EL weißer Zucker

Backutensilien
1 Spritzbeutel mit mittelgroßer, runder Tülle

1 Marzipan, Zucker und Salz von Hand gut verkneten, aber nicht zu fest, da sonst das in den Mandeln enthaltene Öl austritt. Mandeln und Zitronenschale zugeben. Nacheinander das flüssige Eiweiß mit einem Kochlöffel unterrühren. Die Masse sollte von eher zäher Konsistenz sein und nicht zu stark verlaufen, andernfalls wenig geriebene Mandeln unterrühren.

2 Amarettimasse in den Spritzbeutel füllen, auf ein mit Backpapier belegtes Blech mit genügend Abstand kleine Tupfen spritzen, zuerst mit Hagelzucker, dann mit dem weißen Zucker bestreuen. Mindestens 4 Stunden oder am besten aber über Nacht bei Zimmertemperatur trocknen lassen.

3 Den Backofen auf 150 °C vorheizen.

4 Das Blech in der Mitte in den Ofen schieben, Amaretti bei 150 °C etwa 15 Minuten backen. Auf einem Kuchengitter erkalten lassen.

Lagerung

Amaretti in einer Blechdose aufbewahren, so bleiben sie sehr lang frisch.

Marzipan

Man kann den Marzipan auch kaufen. Aber nur eine gute Qualität verwenden, der ausschließlich aus Mandeln und Zucker besteht. Für industriell hergestellte Amaretti wird meist Persipan verwendet. Das Ersatzprodukt wird aus Aprikosensteinen gewonnen und hat einen penetranten Geschmack.

Amerikaner

125 g weiche Butter
60 g Puderzucker
1 Vanilleschote, aufgeschnitten
1 Msp Zimtpulver
1 Prise Salz
2 Eier, getrennt
140 g Dinkel- oder Weizenweißmehl/ Mehl Type 630/405
50 g Kartoffel- oder Maisstärke
1 TL Weinstein-backpulver
evtl. 2 EL Milch
4 EL Milch zum Bestreichen

Glasuren

3 EL Zitronensaft
12 gehäufte EL Puderzucker
120 g dunkle Schoko-Kuchenglasur

Backutensilien

Spritzbeutel mit runder Tülle Nr. 10
Dauerbackfolie

1 Butter mit dem Handrührgerät rühren, bis sie weiß ist und an Volumen sichtbar zugenommen hat, das dauert rund 10 Minuten. Puderzucker, abgestreiftes Vanillemark, Zimtpulver und Salz unterrühren. Die Eigelbe nach und nach zufügen. Das Eiweiß zu Schnee schlagen. Mehl, Kartoffelstärke und Backpulver gut mischen. Eischnee und Mehlmischung abwechselnd unter die Buttermischung heben. Der Teig soll geschmeidig sein, eventuell braucht man noch etwas Milch.

2 Den Backofen auf 180 °C vorheizen.

3 Den Teig in den Spritzbeutel füllen und mit großem Zwischenraum esslöffelgroße Tupfer auf das mit Dauerbackfolie belegte Blech spritzen.

4 Blech in der Mitte in den Ofen schieben, Gebäck bei 180 °C etwa 10 Minuten backen. «Amerikaner» mit der Milch bepinseln, weitere 5 Minuten backen. Auf einem Kuchengitter erkalten lassen.

5 Puderzucker mit dem Zitronensaft glattrühren. «Amerikaner» je zur Hälfte mit der Zitronen- und Schokoladen-Kuchenglasur bepinseln und fest werden lassen.

Brownies

170 g Zartbitter-Schokolade
130 g zimmerwarme Butter
150 g Rohrohrzucker
2 Eier
110 g Dinkel- oder Weizenvollkornmehl
½ TL Weinstein-backpulver
150 g Pecannüsse

Backutensilien

1 hohes Backblech, 20 cm x 30 cm

1 Zartbitter-Schokolade in grobe Stücke brechen, über dem Wasserbad schmelzen. Pecannüsse grob hacken.
2 Backofen auf 175 °C vorheizen. Boden und Rand der Backform mit Backpapier auskleiden.
3 Zimmerwarme Butter und Rohrohrzucker zu einer luftigen Masse aufschlagen, Eier nacheinander zufügen, weiterschlagen. Die flüssige Schokolade unterrühren. Das Mehl mit dem Backpulver mischen und unterrühren. 100 g Pecannüsse unterrühren. Den Teig in der Backform ausstreichen, die restlichen Nüsse darüberstreuen.
4 Backform in der Mitte in den Ofen schieben und Brownies bei 175 °C 15 bis 20 Minuten backen. Auskühlen lassen, in 5 cm große Quadrate schneiden.

Variante

Pecannüsse durch Baumnüsse/Walnüsse ersetzen.

Glasierte Butterherzen

190 g Dinkel- oder Weizenweißmehl/ Mehl Type 630/405
1 Prise Salz
60 g Puderzucker
125 g gut gekühlte Butter
1 Eigelb

Glasur
etwa 8 gehäufte EL Puderzucker
2 EL Zitronen- oder Orangensaft

Backutensilien
Herz-Ausstechform

1 Mehl, Salz und Puderzucker mischen. Butter in Stückchen schneiden, mit dem Mehlgemisch krümelig reiben, das Eigelb zugeben, zu einem Teig zusammenfügen. Im Kühlschrank offen 30 Minuten ruhen lassen.

2 Den Backofen auf 175 °C vorheizen.

3 Den Teig etwa 4 mm dick ausrollen und Herzen ausstechen, auf das mit Backpapier belegte Blech legen.

4 Das Backblech in der Mitte in den Ofen schieben, Butterherzen bei 175 °C etwa 12 Minuten backen. Auf einem Kuchengitter erkalten lassen.

5 Für die Glasur Puderzucker und Zitronensaft glattrühren, mit einem Pinsel gleichmäßig auf den Herzen verstreichen.

Schachbrett-Buttergebäck

290 g Dinkel- oder Weizenweißmehl/ Mehl Type 630/405
1 TL Weinstein-backpulver
125 g Puderzucker
1 Prise Salz
150 g gut gekühlte Butter
1 Eigelb
3 TL Kakaopulver

Milch

1 Mehl, Backpulver, Puderzucker und Salz mischen. Butter in Stückchen schneiden, mit Mehlgemisch krümelig reiben. Das Eigelb zugeben, alles zu einem Teig zusammenfügen. Teig in 2 Portionen teilen, eine Portion mit dem Kakaopulver färben. Teig zugedeckt 2 Stunden kühl stellen.

2 Den Backofen auf 175 °C vorheizen.

3 Den hellen und den dunklen Teig 1 cm dick und möglichst viereckig ausrollen, in 1 cm breite Streifen schneiden, je einen hellen und dunklen Streifen nebeneinander legen, dabei die Schnittstelle mit wenig Milch bepinseln, damit die Streifen besser aneinander haften. Nun auf den dunklen Streifen einen hellen Streifen und auf den hellen Streifen einen dunklen Streifen legen, dabei alle Schnittstellen mit Milch bepinseln. Die Teigstangen für 15 Minuten in den Tiefkühler legen. So lassen sie sich besser in 5 mm dicke Scheiben schneiden.

4 Backblech in der Mitte in den Ofen schieben, Gebäck bei 175 °C etwa 12 Minuten backen.

Variante

Schmälere Streifen schneiden und diese zu einem Sechser- oder Neunermuster zusammensetzen.

Cantuccini

160 g Dinkel- oder Weizenweißmehl/ Mehl Type 630/405
½ TL Weinstein-backpulver
1 Ei
1 Eigelb
80 g weißer Zucker
1 Prise Salz
30 g gehackte Mandeln

60 g ganze Mandeln

1 Den Backofen auf 180 °C vorheizen.

2 Das Mehl mit dem Backpulver mischen. Ei, Eigelb, Zucker und Salz in einer zweiten Schüssel leicht schaumig schlagen, mit den gehackten Mandeln zum Mehl geben, zu einem zähen Teig verarbeiten, ähnlich einem Kartoffelstock/-brei. Wenn nötig, noch ein wenig Mehl und zuletzt die ganzen Mandeln einarbeiten.

3 Teig in zwei Portionen teilen, auf bemehlter Arbeitsfläche 3 cm dicke Rollen formen, auf ein mit Backpapier belegtes Blech legen.

4 Blech in der Mitte in den Ofen schieben, die Rollen bei 180 °C etwa 20 Minuten backen, bis sie goldbraun sind. Auf einem Kuchengitter erkalten lassen.

5 Den Backofen auf 150 °C zurückschalten.

6 Gebackene Rollen mit einem scharfen Brotmesser vorsichtig und leicht diagonal in 10 bis 15 mm dicke Scheiben schneiden, auf einem Backgitter bei 150 °C weitere 15 Minuten backen.

Lagerung

Cantuccini können in einer Blechdose einige Wochen gelagert werden.

Varianten

Mandeln durch Haselnüsse, Baumnüsse/Walnüsse oder Zartbitter-Schokolade ersetzen.

Peanut-Cookies

100 g weiche Butter
70 g weiche Erdnussbutter
100 g Rohrohrzucker
1 Ei
120 g Dinkel- oder Weizenweißmehl/ Mehl Type 630/405
1 TL Weinstein-backpulver
30 g ungesalzene, geröstete Erdnüsse, grob gehackt

50 g helle Schokoladen-Kuchenglasur

Backutensilien
1 mittelgroßer Eis-portionierer
1 Spritzbeutel mit kleinster, runder Tülle

1 Den Backofen auf 175 °C vorheizen.

2 Butter, Erdnussbutter, Rohrohrzucker und Ei glattrühren. Mehl und Backpulver mischen, unter die Buttermasse rühren. Zum Schluss die Erdnüsse beifügen.

3 Mit dem Eisportionierer Kugeln abstechen und diese mit großem Abstand auf ein mit Backpapier belegtes Blech setzen.

4 Das Backblech in der Mitte in den Ofen schieben, Cookies bei 175° C etwa 15 Minuten backen. Auf einem Kuchengitter erkalten lassen.

5 Schokoladenglasur in den Spritzbeutel füllen, Cookies verzieren.

Dark Chocolate-Cookies

150 g Butter
140 g weißer Zucker
1 Prise Salz
100 g Zartbitter-Schokolade, 72 % Kakaoanteil, fein zerbröckelt
1 Ei
220 g Dinkel- oder Weizenweißmehl/ Mehl Type 630/405
1 TL Weinstein-backpulver
150 g Zartbitter-Schokolade, 72 % Kakaoanteil, grob zerbröckelt

Backutensilien

1 mittelgroßer Eisportionierer

1 Butter, Zucker, Salz und zerbröckelte Schokolade (100 g) in einer Schüssel über dem Wasserbad schmelzen. Schüssel herausnehmen, Ei unterrühren, 5 Minuten stehen lassen, bis die Masse fest zu werden beginnt. Restliche Schokolade, Mehl und Backpulver unter die Butter-Schoko-Masse arbeiten.

2 Den Backofen auf 180 °C vorheizen. Das Blech mit Backpapier belegen.

3 Vom Teig mit dem Eisportionierer Halbkugeln abstechen und diese auf das Blech setzen, mit einem Esslöffel leicht flach drücken. Darauf achten, dass der Abstand zwischen den Cookies groß genug ist, denn sie laufen ein bisschen auseinander.

4 Backblech in der Mitte in den Ofen schieben und die Cookies bei 180 °C etwa 10 Minuten backen. Cookies auf einem Kuchengitter erkalten lassen.

Double Chocolate-Cookies

200 g Butter
100 g Rohrohrzucker
40 g Zuckerrübensirup
2 Eier
1 Vanilleschote, aufgeschnitten
1 Prise Salz
1 TL Weinsteinbackpulver
210 g Dinkel- oder Weizenweißmehl/ Mehl Type 630/405
100 g Zartbitter-Schokolade
100 g weiße Schokolade

Backutensilien

1 mittelgroßer bis großer Eisportionierer

1. Alle Zutaten 1 Stunde vor der Teigzubereitung Raumtemperatur annehmen lassen.
2. Den Backofen auf 180 °C vorheizen.
3. Butter und Rohrohrzucker mit Schneebesen oder Handrührgerät luftig aufschlagen. Zuckerrübensirup und Eier nach und nach unterrühren. Vanillemark abstreifen, mit dem Salz unterrühren. Backpulver und Mehl mischen, unterrühren. Die beiden Schokoladen in grobe Würfel schneiden und unterrühren.
4. Das Backblech mit Backpapier belegen. Vom Teig mit dem Eisportionierer Halbkugeln abstechen, auf das Blech setzen, mit einem Esslöffel leicht flach drücken. Der Abstand zwischen den Cookies muss groß genug sein, weil sie ein wenig verlaufen.
5. Backblech in der Mitte in den Ofen schieben, Cookies bei 180 °C etwa 15 Minuten backen.

Doughnuts

30 g weiche Butter
100 g weißer Zucker
1 Ei
1 ¼ dl/125 ml Milch
320 g Dinkel- oder Weizenweißmehl/ Mehl Type 630/405
1 Päckchen Weinsteinbackpulver
1 Prise Salz
1 Prise Muskatnuss
Frittieröl

150 g weißer Zucker
½ TL Zimtpulver

Backutensilien
1 runder Ausstecher mit glattem Rand, 7 cm Durchmesser
1 runder Ausstecher mit glattem Rand, 3 cm Durchmesser
Gusseisentopf oder Fritteuse

1 Butter und Zucker zu einer luftigen Masse aufschlagen. Ei und Milch unterrühren. Die restlichen Zutaten mischen, zufügen, zu einem glatten Teig kneten.

2 Doughnutteig auf bemehlter Arbeitsfläche 1 cm dick ausrollen. Zuerst mit dem großen Ausstecher Rondellen ausstechen, dann mit dem kleinen jeweils ein Loch in der Mitte ausstechen. Teigreste verkneten, ausrollen und wieder ausstechen.

3 Das Frittieröl im Gusseisentopf oder in der Fritteuse auf 170 °C erhitzen. Probe: Wenn bei einem eingetauchten Holzstäbchen Bläschen aufsteigen, ist die Temperatur richtig. Teigringe portionsweise ausbacken. Das Gebäck mit einem Schaumlöffel herausnehmen, auf Küchenpapier abtropfen lassen. Zucker und Zimt mischen, Doughnuts darin wenden. Sofort servieren.

Leichtes Eierlikör-Gebäck

2 Eier
1 Prise Salz
50 g weißer Zucker
2 EL Eierlikör
60 g Dinkel- oder Weizenweißmehl/ Mehl Type 630/405
40 g Kartoffel- oder Maisstärke
1 TL phosphatfreies Backpulver

100 g dunkle Schoko-Kuchenglasur
160 g weiße Schokolade
40 g Butter
0,8 dl/80 ml Eierlikör

Backutensilien
1 Spritzbeutel mit mittelgroßer, runder Tülle

1 Den Backofen auf 180 °C vorheizen.

2 Eier, Salz und Zucker mit dem Schneebesen oder Handrührgerät luftig aufschlagen; die Eiermasse soll das vierfache Volumen bekommen. Eierlikör unterrühren. Das Mehl mit der Kartoffelstärke und dem Backpulver mischen, vorsichtig unter die Eiermasse heben.

3 Ein Backblech mit Backpapier belegen. Teig in den Spritzbeutel füllen, teelöffelgroße Häufchen auf das Blech spritzen.

4 Backblech in der Mitte in den Ofen schieben, das Eierlikör-Gebäck bei 180 °C etwa 10 Minuten backen, auf einem Kuchengitter erkalten lassen.

5 Schokoladen-Kuchenglasur mit einem Pinsel auf der Unterseite des Gebäcks auftragen.

6 Weiße Schokolade in kleine Stückchen brechen, zusammen mit der Butter und dem Eierlikör über dem heißen Wasserbad zu einer homogenen Masse rühren. Mindestens 1 Stunde kühl stellen. Mit dem Handrührgerät zu einer luftigen Creme aufschlagen. die Creme in den Spritzbeutel füllen, auf die Hälfte des Gebäcks spritzen, zweite Hälfte daraufsetzen, fest werden lassen.

Florentiner

60 g zimmerwarme Butter
100 g Rohrohrzucker
40 g Dinkel- oder Weizenweißmehl/ Mehl Type 630/405
1 Prise Salz
0,6 dl/60 ml Rahm/Sahne
100 g Mandelblättchen oder kandierte rote Kirschen oder Sesamsamen

200 g dunkle Kuvertüre

Backutensilien
Dauerbackfolie

1 Rohrohrzucker, Mehl, Salz und Rahm unter die Butter rühren. Am Schluss die Mandelblättchen vorsichtig untermischen.

2 Den Backofen auf 175 °C vorheizen.

3 Ein Backblech mit Dauerbackfolie belegen. Teig teelöffelweise und mit großem Abstand auf das Blech setzen, nicht mehr als 6 Stück pro Blech. Am besten ein Probebacken machen, um sicher zu sein, dass die Masse ausreichend verläuft. Je nach Ergebnis entweder etwas mehr Butter oder etwas mehr Mehl unterrühren.

4 Das Backblech in der Mitte in den Ofen schieben, Florentiner bei 175 °C 10 bis 15 Minuten backen. Erkalten lassen.

4 Kuvertüre schmelzen: Seite 11. Die Florentiner mit Hilfe von zwei Gabeln in die Kuvertüre tauchen, damit die Unterseite mit der Schokolade überzogen wird. Auf ein Backpapier legen, die Schokolade fest werden lassen.

Haferflockenhäufchen

125 g weiche Butter
½ Vanilleschote, aufgeschnitten
50 g Birnendicksaft
50 g Rohrohrzucker
1 Ei
100 g Rosinen
1 ½ TL Weinstein-backpulver
250 g grobe Haferflocken

Backutensilien
1 mittelgroßer Eisportionierer

1 Den Backofen auf 175 °C vorheizen.

2 Die Butter mit dem Handrührgerät so lang rühren, bis sie weiß ist und an Volumen sichtbar zugenommen hat, das dauert rund 10 Minuten. Abgestreiftes Vanillemark, Birnendicksaft und Rohrohrzucker zufügen, weiterschlagen, bis sich der Zucker aufgelöst hat. Ei und Rosinen zufügen. Das Backpulver mit den Haferflocken vermengen und portionsweise unterheben.

3 Haferflockenteig mit dem Eisportionierer portionieren, die Halbkugeln auf ein mit Backpapier belegtes Blech setzen.

4 Das Backblech in der Mitte in den Ofen schieben, Haferflockenhäufchen bei 175 °C etwa 15 Minuten backen.

Varianten

50 g Haferflocken durch Sesam- oder Leinsamen ersetzen.

Linzerblumen

125 g Dinkel- oder Weizenweißmehl/ Mehl Type 630/405
125 g weißer Zucker
125 g geriebene Haselnüsse
½ TL Zimtpulver
1 Msp Nelkenpulver
1 TL Kakaopulver
1 Prise Salz
125 g gut gekühlte Butter, in Stückchen
1 Eigelb

Puderzucker
100 g Himbeerkonfitüre

Backutensilien
Blumenform-Ausstecher
1 Spritzbeutel mit runder Tülle Nr. 10

1 Mehl, Zucker, Haselnnüsse, Gewürze, Kakaopulver und Salz mischen. Butterstückchen mit der Mehlmischung krümelig reiben, Eigelb zugeben, zu einem Teig zusammenfügen. 1 Stunde zugedeckt kühl stellen.

2 Den Backofen auf 170 °C vorheizen.

3 Ein Backblech mit Backpapier belegen. Den Teig auf der leicht bemehlten Arbeitsfläche 2 mm dick ausrollen, Blumen ausstechen, auf das Blech legen. Bei der Hälfte der Blumen ein kleines Loch ausstechen.

4 Das Backblech in der Mitte in den Ofen schieben, Blumen bei 170 °C 10 bis 15 Minuten backen.

5 Die gelochten Blumen mit Puderzucker bestäuben. Himbeerkonfitüre erwärmen und die noch warmen Böden damit einpinseln, den Deckel darauflegen und vorsichtig andrücken, eventuell noch Konfitüre in das Loch füllen (Konfitüre in ein Tütchen mit abgeschnittener Spitze füllen oder mit Hilfe eines Teelöffels einfüllen).

Mandel-Filigrane

90 g Butter
80 g weißer Zucker
1 Prise Salz
1 unbehandelte Zitrone, abgeriebene Schale
40 g Dinkel- oder Weizenweißmehl/ Mehl Type 630/405
60 g Mandelblättchen

1 Butter, Zucker, Salz und Zitronenschale zu einer luftigen Masse aufschlagen. Zuerst das Mehl, dann die Mandelblättchen vorsichtig unterheben.

2 Den Backofen auf 180 °C vorheizen.

3 Teigmasse mit einem Spatel auf einem mit Backpapier belegten Blechrücken ausstreichen.

4 Das Backblech in der Mitte in den Ofen schieben, das Teigblatt bei 180 °C etwa 8 Minuten backen. Herausnehmen und abkühlen lassen. Nochmals rund 5 Minuten bei gleicher Temperatur backen. Erkalten lassen. Filigrane in beliebig große Stücke brechen.

Tipp

Schmeckt köstlich zu Eiscreme.

Tuiles aux amandes

110 g weißer Zucker
30 g Dinkel- oder Weizenweißmehl/ Mehl Type 630/405
65 g geschälte Mandeln, fein gerieben
1 unbehandelte Orange, abgeriebene Schale und 0,7 dl/70 ml Saft
60 g Butter

Backutensilien

1 Schablone, Durchmesser 7 cm, Seite 15
Spatel
Dauerbackfolie
Rundhölzer

1. Zucker, Mehl, Mandeln, Orangensaft und Orangenschale zu einem Teig rühren. Die Butter in einer kleinen Pfanne schmelzen, unterrühren. Zugedeckt 30 Minuten ruhen lassen.
2. Den Backofen auf 180 °C vorheizen.
3. Blechrücken mit der Dauerbackfolie belegen. Schablone daraufsetzen, die Teigmasse mit dem Spatel in der Rondelle dünn ausstreichen. Den überschüssigen Teig mit dem vertikal geführten Spatel wieder abstreifen. Es darf kein Teig unter die Schablone gedrückt werden. Blech mit Rondellen bedecken.
4. Die Mandelblätter werden in zwei Arbeitsgängen gebacken. Das Blech in der Mitte in den Ofen schieben, die Rondellen bei 180 °C goldgelb backen, auf einem Kuchengitter erkalten lassen.
5. Nun jeweils max. 4 vorgebackene Rondellen aufs Mal auf das mit Dauerbackfolie belegte Blech legen und bei 175 °C goldbraun backen. Mit dem Spatel vom Blech nehmen, sofort über das Rundholz legen und auskühlen lassen.

Mandel-Spritzgebäck

240 g zimmerwarme Butter
140 g Puderzucker
100 g geschälte, geriebene Mandeln
1 Eigelb
1 Vanilleschote, aufgeschnitten
1 Msp Salz
300 g Dinkel- oder Weizenweißmehl/ Mehl Type 630/405

150 g dunkle Kuvertüre

Backutensilien
Fleischwolf mit Spritzaufsatz

1 Butter, Puderzucker, Mandeln, Eigelb, abgestreiftes Vanillemark und Salz glattrühren, das Mehl zugeben, zu einem geschmeidigen Teig zusammenfügen. Zugedeckt 1 Stunde kühl stellen.

2 Den Backofen auf 175 °C vorheizen.

3 Butterteig durch den Spritzaufsatz des Fleischwolfs drücken, 5 cm lange Stücke abschneiden und diese wellenförmig auf ein mit Backpapier belegtes Blech legen.

4 Das Backblech in der Mitte in den Ofen schieben, Kipferl bei 175 °C etwa 10 Minuten backen. Auf einem Kuchengitter erkalten lassen.

5 Kuvertüre vorbereiten: Seite 11. Das Gebäck etwa zur Hälfte in die Kuvertüre tauchen, etwas abtropfen lassen, zum Trocknen auf ein Backpapier legen.

Tipps

Teigmenge eventuell halbieren. Wer keinen Fleischwolf hat, kann aus dem Teig fingerdicke Rollen formen und diese portionieren.

Mohntäschchen

125 g Magerquark
1 Prise Salz, 1 Eigelb
50 g neutrales Öl
200 g Dinkel- oder Weizenweißmehl/ Mehl Type 630/405
2 EL Pinienkerne
2 EL Rohrohrzucker

Füllung

1 dl/100 ml Milch
10 g weißer Zucker
1 Vanilleschote, aufgeschnitten
70 g gemahlene Mohnsamen
2 EL Weizengrieß
1 Prise Zimtpulver
2 EL Grand Marnier
½ unbehandelte Zitrone, abgeriebene Schale
2 EL Aprikosenkonfitüre
1 Eiweiß

Backutensilien

Teigrädchen
Einwegspritzbeutel

1 Für den Teig Quark, Salz, Eigelb und Öl glattrühren, Mehl zugeben, alles zu einem geschmeidigen Teig zusammenfügen. Etwa 30 Minuten kühl stellen.

2 Pinienkerne fein hacken, mit dem Rohrohrzucker mischen, beiseite stellen.

3 Für die Füllung Milch, Zucker und abgestreiftes Vanillemark aufkochen, Mohn und Grieß zufügen, unter Rühren bei schwacher Hitze zu einem Brei kochen, von der Wärmequelle nehmen. Mit Zimt, Grand Marnier, Zitronenschale und Aprikosenkonfitüre abschmecken.

4 Den Backofen auf 175 °C vorheizen.

5 Teig 4 mm dick ausrollen. Pinienkernmischung in der Größe des ausgerollten Teiges auf die Arbeitsfläche streuen. Teig darauflegen, auf die doppelte Größe ausrollen. Mit einem Küchentuch zudecken und etwa 5 Minuten ruhen lassen. Mit dem Teigrädchen 7 cm große Quadrate schneiden. Die Füllung in einen Einwegspritzbeutel füllen, in die Mitte der Quadrate teelöffelgroße Häufchen spritzen. Die Ränder mit dem leicht verquirlten Eiweiß bestreichen, diagonal zusammenklappen, die Ränder gut andrücken. Täschchen auf ein mit Backpapier belegtes Blech legen.

6 Das Backblech in der Mitte in den Ofen schieben, Täschchen bei 175 °C 15 Minuten backen. Auf einem Kuchengitter erkalten lassen.

Lagerung/Haltbarkeit

Die Täschchen halten sich mehrere Tage frisch. Sie können vor dem Servieren kurz aufgebacken werden.

Müesliwürfel

120 g Dinkel- oder Weizenruchmehl/ Mehl Type 1050
1 ½ TL Weinsteinbackpulver
100 g 6-Korn-Flockenmischung (Reformhaus)
25 g Weizenschrot
je 25 g Sonnenblumen- und Kürbiskerne
60 g getrocknete Cranberrys oder Kirschen
50 g Haselnüsse
25 g Kokosflocken
je 1 TL Sesam- und Leinsamen
75 g flüssiger Honig
1 EL Zitronensaft
50 g weiche Butter
1 Ei

1 Sämtliche Zutaten von Hand oder in der Küchenmaschine mit dem Knethaken auf kleiner Stufe vermengen.

2 Den Backofen auf 175 °C vorheizen.

3 Teig zwischen zwei Klarsichtfolien 15 mm dick und viereckig ausrollen, die Klarsichtfolie entfernen und den Teig auf ein mit Backpapier belegtes Blech stürzen, nun auch die zweite Klarsichtfolie entfernen.

4 Das Backblech in der Mitte in den Ofen schieben, das Teigblatt bei 175 °C etwa 20 Minuten backen. Leicht auskühlen lassen, mit einem scharfen Sägemesser 3 cm große Quadrate schneiden. Auf einem Kuchengitter erkalten lassen.

Minimuffins mit Mandeln

125 g flüssige Butter, ausgekühlt
2½ dl/250 ml Eiweiß
125 g geschälte, geriebene Mandeln
125 g Dinkel- oder Weizenweißmehl/ Mehl Type 630/405
200 g weißer Zucker
1 TL Salz
2 EL Akazienblütenhonig

weiche Butter und Mehl für die Form

2 EL Mandelblättchen

Backutensilien
2 Mini-Muffinformen

1 Alle Zutaten zu einem glatten Teig rühren.
2 Den Backofen auf 175 °C vorheizen.
3 Die Muffinformen mit der weichen Butter auspinseln und in jede Vertiefung ein wenig Mehl geben und dieses durch Bewegen der Form gleichmäßig verteilen. Das überschüssige Mehl herausklopfen.
4 Den Teig bis 5 mm unter den Rand einfüllen. Mandelblättchen darüberstreuen.
5 Die Backformen in der Mitte in den Ofen schieben, die Muffins bei 175 °C etwa 15 Minuten backen.

Nougatringe

30 g Puderzucker
100 g Dinkel- oder Weizenweißmehl/ Mehl Type 630/405
1 Prise Salz
65 g kalte Butterstückchen
1 Eigelb

200 g Nougat
50 g weiße Schokolade
75 g zimmerwarme Butter
50 g Haselnüsse, grob gehackt

300 g dunkle Kuvertüre

Backutensilien

1 gewellte Ring-Ausstechform von 5 und 7 cm Durchmesser
Spritzbeutel mit runder Tülle Nr. 10
Einweg-Spritzbeutel mit runder Tülle Nr. 5

1 Puderzucker, Mehl und Salz mischen, kalte Butterstückchen mit der Mehlmischung krümelig reiben. Eigelb zufügen, rasch zu einem glatten Teig zusammenfügen. Den Teig im Kühlschrank zugedeckt 30 Minuten ruhen lassen.

2 Den Backofen auf 180 °C vorheizen.

3 Teig 3 mm dick ausrollen, mit dem großen Ausstecher Rondellen, mit dem kleineren Ringe ausstechen, auf ein mit Backpapier belegtes Blech legen. Backblech in der Mitte in den Ofen schieben, Ringe bei 180 °C 10 Minuten backen. Auf einem Kuchengitter erkalten lassen.

4 Haselnüsse in einer beschichteten Bratpfanne ohne Fett rösten.

5 Nougat mit der zerbröckelten weißen Schokolade über dem heißen Wasserbad unter Rühren schmelzen, beiseite stellen und abkühlen, aber nicht fest werden lassen. Butter und Haselnüsse unterrühren. Sobald die Füllung mehr fest als cremig ist, die Masse in den Spritzbeutel mit Lochtülle Nr. 10 füllen, auf die gebackenen Teigringe einen gleichmäßigen Ring spritzen, evtl. 30 Minuten in den Kühlschrank stellen, bis die Nougatmasse fest ist.

6 Kuvertüre vorbereiten: Seite 11.

7 Die Ringe einzeln auf eine große Fleischgabel legen, Oberfläche über der Kuvertüre mit einem Esslöffel überziehen, dabei die Gabel leicht auf den Schüsselrand klopfen, damit die Ringe nur dünn mit Schokolade überzogen werden. Auf einem Backpapier trocknen lassen.

Printen

100 g weiche Butter
150 g flüssiger Honig
75 g brauner Kandiszucker
1 TL fein gehacktes Orangeat
250 g Dinkel- oder Weizenvollkornmehl
2 TL Weinstein-backpulver
1 TL Lebkuchengewürz
1 Prise Salz

4 EL Aprikosenkonfitüre
50 g ganze Mandeln

1 Kandiszucker mit dem Teigholz oder im Cutter fein zerkleinern.

2 Butter und Honig mit dem Schneebesen luftig aufschlagen, restliche Zutaten zugeben und zu einem Teig zusammenfügen. Etwa 30 Minuten zugedeckt kühl stellen.

3 Den Backofen auf 175 °C vorheizen.

4 Den Teig 5 mm dick und viereckig ausrollen, daraus Rechtecke von 4 cm x 6 cm schneiden. Mit ein wenig Abstand auf ein mit Backpapier belegtes Blech legen. Aprikosenkonfitüre durch ein Sieb streichen, Printen mit der Konfitüre dünn bepinseln. Mandeln längs halbieren, eine Hälfte in jedes Rechteck drücken.

5 Das Backblech in der Mitte in den Ofen schieben, Printen bei 175 °C etwa 12 Minuten backen. Auf einem Kuchengitter erkalten lassen.

Schäumchen

4 Eiweiß
1 Msp Salz
125 g weißer Zucker
100 g Puderzucker
15 g Kartoffel- oder Maisstärke

Füllung

0,9 dl/90 ml Rahm/Sahne
1 Msp Zimtpulver
100 g dunkle Schokolade, grob gehackt

Kakaopulver zum Bestäuben

Backutensilien

1 Spritzbeutel mit gezackter Tülle Nr. 8
1 Spritzbeutel mit runder Tülle Nr. 8

1 Backofen auf 50 °C vorheizen. Zwei Backbleche mit Backpapier belegen.

2 Eiweiß mit Salz schaumig schlagen, Zucker langsam einrieseln lassen, weiterschlagen, bis sich der Zucker aufgelöst hat. Puderzucker und Kartoffelstärke mischen, durch ein Mehlsieb zum Eischnee sieben, vorsichtig unterheben, bis die Masse cremig ist. Die Eischneemasse in den Spritzbeutel mit gezackter Tülle füllen, Rosetten in der Größe eines Tischtennisballs auf das Backblech spritzen, die Tülle so wegziehen, dass das Ende spitz verläuft.

3 Schäumchen im Backofen bei 50 °C etwa 2 Stunden trocknen lassen, dann über Nacht ganz trocknen lassen.

4 Für die Füllung Rahm und Zimt aufkochen, von der Wärmequelle nehmen, Schokolade im Rahm auflösen. Sobald die Masse zäh zu werden beginnt, in den Spritzsack mit der runden Tülle füllen, auf die Hälfte der Schäumchen spritzen. Ein zweites Schäumchen darauflegen, vorsichtig andrücken, mit Kakaopulver bestäuben.

Eiweiß steif schlagen

Rührschüssel und Rührbesen müssen absolut sauber und fettfrei sein. Es darf auch nicht die geringste Menge Eigelb im Eiweiß sein, sonst wird die Masse niemals steif!

Nuss-Schoko-Stangen

70 g Rohrohrzucker
170 g Dinkel- oder Weizenruchmehl/ Mehl Type 1050
50 g geriebene Baumnuss-/Walnusskerne
1 Msp Salz
120 g kalte Butterstückchen
1 Eigelb

250 g Baumnuss-/ Walnusskernhälften
100 g Puderzucker

300 g dunkle Kuvertüre

1. Rohrohrzucker, Mehl, Nüsse und Salz mischen. Butterstückchen mit der Mehlmischung krümelig reiben, Eigelb zugeben, zu einem Teig zusammenfügen. Zugedeckt 30 Minuten kühl stellen.
2. Den Backofen auf 180 °C vorheizen.
3. Auf bemehlter Arbeitsfläche 1 cm dicke Rollen formen, diese in 10 cm lange Stücke schneiden, auf ein mit Backpapier belegtes Blech legen.
4. Das Blech in der Mitte in den Ofen schieben, Stangen bei 180 °C etwa 12 Minuten backen. Auf einem Kuchengitter erkalten lassen.
5. Nüsse grob hacken, in einer beschichteten Bratpfanne mit dem Puderzucker unter Rühren mit dem Holzlöffel gleichmäßig goldbraun karamellisieren. Auf ein Backpapier geben, auskühlen lassen.
6. Kuvertüre vorbereiten: Seite 11.
7. Stangen einzeln auf eine Gabel oder eine Pralinengabel legen, über der Kuvertüre mit einem Essöffel mit der Schokolade überziehen, Gabel auf dem Schüsselrand abklopfen, so dass die Stangen mit Schokolade gleichmäßig überzogen werden. Sofort auf ein Backpapier legen und mit den karamellisierten Nüssen dicht bestreuen.

Breite Schokostreifen

100 g weiche Butter
50 g Puderzucker
1 Eigelb
1 Prise Salz
40 g geriebene Haselnüsse
50 g flüssige dunkle Kuvertüre
1 unbehandelte Orange, abgeriebene Schale
150 g Dinkel- oder Weizenweißmehl/ Mehl Type 630/405

150 g dunkle Kuvertüre

Backutensilien
Fleischwolf mit breitem Spritzaufsatz

1 Butter mit dem Handrührgerät rühren, bis sie weiß ist und an Volumen sichtbar zugenommen hat, das dauert rund 10 Minuten. Restliche Zutaten nach und nach unterrühren.
2 Den Backofen auf 175 °C vorheizen.
3 Den Spritzaufsatz auf den Fleischwolf setzen, Teig einfüllen, etwa 10 cm lange Streifen auf ein mit Backpapier belegtes Blech drücken.
4 Das Backblech in der Mitte in den Ofen schieben, Teigstreifen bei 175 °C etwa 8 Minuten backen. Auf einem Kuchengitter erkalten lassen.
5 Kuvertüre vorbereiten: Seite 11.
6 Die ausgekühlten Streifen zur Hälfte in die Kuvertüre tauchen, auf einem Backpapier trocknen lassen.

Tipp

Wer keinen Fleischwolf hat, kann es mit einem Spritzbeutel versuchen. Der Teig ist allerdings sehr zäh.

Schokostreusel

100 g Dinkel- oder Weizenweißmehl Mehl Type 630/405
50 g weißer Zucker
1 Prise Salz
½ TL Zimtpulver
75 g gekühlte Butterstückchen
125 g Zartbitter-Schokolocken oder Schokoflocken oder Schokotropfen

4 EL Aprikosenkonfitüre

Backutensilien
runder Ausstecher von 4 cm Durchmesser

1 Mehl, Zucker, Salz und Zimt mischen. Butterstückchen mit der Mehlmischung zu kleinen Streuseln reiben. Schokoflocken zufügen und vorsichtig mischen.

2 Den Backofen auf 175 °C vorheizen.

3 Ein Backblech mit Backpapier belegen. Mit Hilfe des Ausstechers kleine Häufchen formen, d. h. den Ausstecher auf das Blech legen und einen Teelöffel Streusel in den Ausstecher füllen, leicht andrücken. So weiterverfahren, bis das Blech voll ist.

4 Backblech in der Mitte in den Ofen schieben, die Streusel bei 175 °C etwa 12 Minuten backen. Auf dem Blech erkalten lassen.

5 Aprikosenkonfitüre durch ein Sieb streichen und erwärmen, auf die Hälfte der Schokostreusel streichen, ein zweites Schokostreusel darauflegen, leicht andrücken.

Sesamgebäck

75 g weiche Butter
100 g weißer Zucker
1 Prise Salz
1 Ei
1 TL Zimtpulver
40 g Sesamsamen
30 g Haferflocken oder
20 g Weizenkleie
30 g Dinkel- oder
Weizenweißmehl/
Mehl Type 630/405
½ TL Weinstein-
backpulver

Backutensilien
Dauerbackfolie

1 Butter, Zucker, Salz, Ei und Zimt rühren, bis sich der Zucker aufgelöst hat. Restliche Zutaten unterrühren.
2 Den Backofen auf 180 °C vorheizen.
3 Teig mit einem Esslöffel portionieren, das heißt esslöffelgroße Häufchen mit großem Abstand (der Sesamteig verläuft) auf ein mit Dauerbackfolie belegtes Blech setzen.
4 Das Backblech in der Mitte in den Ofen schieben, Sesamgebäck bei 180 °C etwa 10 Minuten backen.

Variante

Unterseite des Gebäcks in Schoko-Kuchenglasur oder Kuvertüre (Seite 11) tauchen.

Shortbread

300 g zimmerwarme gesalzene Butter
200 g weißer Zucker
500 g Dinkel- oder Weizenweißmehl/ Mehl Type 630/405

100 g Rohrohrzucker zum Wenden

Backutensilien
Eisen- oder Laubsäge (ohne Sägeblatt) mit Draht bespannt

1 Butter mit dem Handrührgerät rühren, bis sie weiß ist und an Volumen sichtbar zugenommen hat, das dauert rund 10 Minuten. Zucker zufügen und weiterrühren, bis er sich aufgelöst hat. Mehl zufügen, zu einem geschmeidigen Teig kneten. Teig in zwei Portionen teilen, Rollen von etwa 4 cm Durchmesser formen. Rohrohrzucker auf die Arbeitsfläche streuen, die Teigrollen darin drehen. 1 Stunde offen kühl stellen.

2 Den Backofen auf 175 °C vorheizen.

3 Die Rollen mit der Laubsäge in 1 cm dicke Scheiben schneiden, auf ein mit Backpapier belegtes Blech legen.

4 Shortbread in der Mitte in den Backofen schieben, bei 175 °C etwa 10 Minuten backen.

Varianten

100 g Mehl durch geriebene Schokolade oder gehackte Baumnüsse/Walnüsse ersetzen. Anstelle der Laubsäge kann man einen mit Draht bespannten Tortenschneider verwenden, nicht sägen.

Toffee-Shortbread

1 rechteckige Kuchenform von 24 cm Länge

120 g Dinkel- oder Weizenweißmehl/ Mehl Type 630/405
40 g weißer Zucker
½ Vanilleschote, aufgeschnitten
100 g gekühlte gesalzene Butterstückchen

Toffeemasse
100 g weißer Zucker
200 g Rohrohrzucker
2 dl/200 ml ungezuckerte Kondensmilch

100 g dunkle Kuvertüre

1 Mehl, Zucker und abgestreiftes Vanillemark mischen. Butterstückchen mit der Mehlmischung krümelig reiben, zu einem Teig zusammenfügen. 30 Minuten zugedeckt kühl stellen.

2 Den Backofen auf 175 °C vorheizen.

3 Mürbeteig zwischen Klarsichtfolien auf Formgröße (kein Rand) ausrollen, in die mit Backpapier belegte Form legen. Den Teig mit einer Gabel ein paar Mal einstechen. Die Form in der Mitte in den Ofen schieben, den Teig bei 175 °C etwa 12 Minuten backen. Erkalten lassen.

4 Für die Toffeemasse weißen Zucker in einem stark erhitzbaren Topf hellbraun karamellisieren. Nicht rühren! Topf von der Wärmequelle nehmen, Kondensmilch zufügen, Rohrohrzucker einrieseln lassen. Topf wieder auf die Wärmequelle stellen, Masse bei schwacher Hitze unter ständigem Rühren zähflüssig einkochen lassen. Sie soll die Konsistenz einer dicken Suppe bekommen. Topf von der Wärmequelle nehmen und eine Probe machen: einen großen Tropfen auf einen Teller oder ein Stück Backpapier geben; er sollte glänzen und nach 2 Minuten fast fest sein.

5 Toffeemasse auf dem Mürbeteigboden verstreichen. Einige Stunden stehen lassen.

6 Kuvertüre vorbereiten: Seite 11. Die Kuvertüre auf der fest gewordenen Toffeemasse verstreichen. Trocknen lassen. Aus der Form nehmen, mit einem scharfen Messer portionieren.

Zum Rezept

Das Toffee-Shortbread ist angenehm saftig und bei Kindern sehr beliebt.

Spitzbuben

150 g weißer Zucker
1 Prise Salz
1 Vanilleschote, aufgeschnitten
300 g Dinkel- oder Weizenweißmehl/ Mehl Type 630/405
120 g kalte Butterstückchen
1 Ei

Puderzucker zum Bestäuben

Füllungen
Aprikosenkonfitüre
Erdbeerkonfitüre
100 g Zucker
100 g Nuss-Nougat-Creme

Backutensilien
Ausstecher
Spritztütchen

1 Zucker, Salz, abgestreiftes Vanillemark und Mehl mischen. Butterstückchen mit dem Mehlgemisch krümelig reiben. Das Ei zugeben, rasch zu einen Teig zusammenfügen. Zugedeckt 1 Stunde kühl stellen.

2 Den Backofen auf 175 °C vorheizen.

3 Den Teig etwa 2 mm dick ausrollen, Rondellen, Blumen oder Sterne ausstechen, jeweils die Hälfte mit einem entsprechenden Ausstecher (siehe Bild) lochen (die Teigreste am Schluss zusammenfügen, ausrollen und ausstechen), auf ein mit Backpapier belegtes Blech legen.

4 Backblech in der Mitte in den Ofen schieben, das Buttergebäck bei 175 °C etwa 10 Minuten backen.

5 Die «gelochten» Rondellen, Blumen und Sterne mit dem Puderzucker bestäuben. Die Konfitüren durch ein Sieb streichen und mit der Hälfte des Zuckers erhitzen, Böden damit bepinseln, den Deckel darauflegen und andrücken. Nun nach Belieben zusätzliche Konfitüre in die Löcher füllen (Konfitüre in ein Tütchen füllen oder mit einen Teelöffel einfüllen). Nuss-Nougat-Creme mit dem restlichen Zucker erwärmen, beim Füllen gleich verfahren wie bei der Konfitüre.

Stracci

80 g zimmerwarme Butter
2 EL Olivenöl extra nativ
50 g weißer Zucker
1 Ei
1 Prise Salz
1 EL fein gehacktes Orangeat
1 unbehandelte Orange, abgeriebene Schale und Saft der halben Frucht
250 g Dinkel- oder Weizenweißmehl/ Mehl Type 630/405
Öl zum Frittieren
100 g Puderzucker

Backutensilien

Gusseisentopf oder Fritteuse
gezacktes Teigrädchen

1 Butter, Olivenöl, Zucker, Ei und Salz glattrühren. Orangeat und Orangenschalen unterrühren. Mehl zugeben, alles zu einem Teig zusammenfügen. Zugedeckt 2 Stunden kühl stellen.

2 Den Teig auf bemehlter Arbeitsfläche etwa 3 mm dünn ausrollen, mit dem Teigrädchen Rauten oder lang gezogene Dreiecke schneiden.

3 Frittieröl in einem Gusseisentopf oder in der Fritteuse auf 170 °C erhitzen. Temperatur kontrollieren: Bei einem eingetauchten Holzstäbchen müssen Bläschen aufsteigen. Die Rauten/Dreiecke goldgelb backen, mit der Schaumkelle herausnehmen und auf Küchenpapier 2 Minuten abtropfen lassen, mit Puderzucker bestäuben.

Cranberry-Triangel

25 g weißer Zucker
110 g Ruchmehl/
Mehl Type 1050
1 Prise Salz
80 g gut gekühlte
Butterstückchen
80 g getrocknete
Cranberrys oder
Preiselbeeren
60 g Sonnen-
blumenkerne

Backutensilien
dreieckiger Ausstecher
mit Wellenrand

1 Zucker, Mehl und Salz mischen. Butterstückchen mit Mehlgemisch krümelig reiben. Cranberrys und Sonnenblumenkerne zugeben, rasch zu einem Teig kneten. Im Kühlschrank zugedeckt 1 Stunde ruhen lassen.

2 Den Backofen auf 175 °C vorheizen.

3 Teig auf leicht bemehlter Arbeitsfläche 3 mm dick ausrollen, mit dem Ausstecher Triangel ausstechen, auf das mit Backpapier belegte Blech legen.

4 Backblech in der Mitte in den Ofen schieben, die Cranberry-Triangel bei 175 °C 10 Minuten backen. Auf einem Kuchengitter erkalten lassen.

Vanillekipferl

70 g weißer Zucker
1 Prise Salz
280 g Dinkel- oder Weizenweißmehl/ Mehl Type 630/405
50 g geriebene Mandeln
50 g geriebene Haselnüsse
210 g gut gekühlte Butterstückchen

100 g Puderzucker
100 g weißer Zucker
1 Vanilleschote, aufgeschnitten

1. Zutaten einschließlich Haselnüssen mischen. Butterstückchen mit dem Mehlgemisch krümelig reiben, zu einem Teig zusammenfügen. Aus dem Teig 3 Rollen von etwa 2 cm Durchmesser formen. Zugedeckt 1 Stunde kühl stellen.
2. Den Backofen auf 175 °C vorheizen.
3. Die Teigrollen in fingerdicke Scheiben schneiden. Mit bemehlten Händen Kipferl formen, auf ein mit Backpapier belegtes Blech legen.
4. Das Backblech in der Mitte in den Ofen schieben, die Kipferl bei 175 °C etwa 12 Minuten backen.
5. Puderzucker, weißen Zucker und abgestreiftes Vanillemark gut mischen.
6. Die noch warmen Vanillekipferl mit Hilfe einer Gabel im Vanillezucker vorsichtig wenden (die Kipferl sind sehr zerbrechlich).

Zimtsterne

90 g Rohrohrzucker
1 gehäufter
TL Zimtpulver
1 Prise Salz
100 g geriebene
Mandeln
50 g geriebene
Haselnüsse
300 g Dinkel- oder
Weizenweißmehl/
Mehl Type 630/405
200 g gut gekühlte
Butterstückchen
1 Eigelb

Zum Bestäuben

3 EL Puderzucker
½ TL gemahlener
Cassiazimt

Backutensililen

Sternausstecher

1. Rohrohrzucker, Zimt, Salz, Nüsse und Mehl mischen. Butterstückchen mit dem Mehlgemisch krümelig reiben, Eigelb zugeben, zu einem Teig zusammenfügen. Im Kühlschrank zugedeckt 1 Stunde oder länger ruhen lassen.
2. Den Backofen auf 175 °C vorheizen.
3. Teig 5 mm dick ausrollen, Sterne ausstechen, auf ein mit Backpapier belegtes Blech legen.
4. Backblech in der Mitte in den Ofen schieben, Sterne bei 175 °C etwa 15 Minuten backen, auf ein Kuchengitter legen, noch warm mit der Puderzuckermischung bestäuben.

Register

A

Amaretti 20, 22, 24
Amerikaner 26
Aprikosenkonfitüre 58, 66, 74, 82

B

Backfolie, Dauer- 11
Backofen 10
Backtipps 10
Backtrennpapier 11
Baumnuss 28, 70
Birnendicksaft 48
Brownie 28
Butter 11
Butter, gesalzene 78, 80
Butterherz 30

C

Cantuccini 34
Cranberry 60, 86

D

Doughnuts 42

E

Ei 11
Eierlikör 42
Erdnüsse 36

F

Flocken, Hafer- 48, 76
Flockenmischung 60
Florentiner 46
Frittieren 42, 60

G

Glasur, Schoko-Kuchen- 26, 36, 44, 76
Glukosesirup 22

H

Haselnuss 34, 50, 60, 64, 72, 88, 90
Himbeerkonfitüre 50, 82

K

Kaffee 22, 24
Kakaopulver 32
Kandiszucker 66
Kipferl 88
Kirsche, getrocknete 60
Kokosnussflocken 60
Kondensmilch 80
Konfitüre 11
Kürbiskerne 60
Kuvertüre 11, 24, 46, 56, 64, 70, 72, 76, 80

L

Leinsamen 60
Lebkuchengewürz 66
Linzergebäck 50

M

Mandeln 20, 24, 34, 46, 52, 54, 56, 62, 66, 88, 90
Marzipan 14, 24
Mohnsamen 58
Mokkacreme 22
Muffin 62
Muskatnuss 42

N
Nelkenpulver 50
Nougat 14, 64, 82

O
Orange 54, 72, 84
Orangeat 66, 84
Orangenglasur 30

P
Pecannuss 28
Pinienkerne 58
Preiselbeeren 86
Printen 66
Puderzucker 14

Q
Quark 58

R
Rahm 15
Rosinen 48

S
Sahne 15
Sesamsamen 15, 46, 60, 76
Shortbread 78, 80
Sonnenblumenkerne 60, 86
Spitzbuben 82
Spritztüte 16

Sch
Schablone 15
Schachbrett-Gebäck 32
Schaumgebäck, Eischnee- 68
Schokolade, weiße 40, 44, 64
Schokolade, Zartbitter- 28, 34, 38, 40, 68, 74

St
Streusel 74

T
Toffee 80
Trockenfrüchte 16

V
Vanille 18, 71
Vanilleschote 18
Vanillinzucker 19

W
Walnuss 28, 34, 70
Weinsteinbackpulver 17

Z
Zimt 17, 40, 50, 68, 72, 90
Zitronenglasur 26, 30
Zitrusfrüchte 17
Zucker, brauner 11
Zucker, Rohrohr- 17
Zuckerrübensirup 40